THIS BOOK BELONGS TO:

CONTACT INFORMATION	
NAME:	
ADDRESS:	
PHONE:	

START / END DATES

___ / ___ / ___   TO   ___ / ___ / ___

DAILY LOG OF CONSTRUCTIONS

DATE	/ /		DAY	O MON	O TUE	O WED	O THU	O FRI	O SAT	O SUN

FOREMAN	
CONTRACT #	

VISITORS		WEATHER	
		AM	PM
		TEMPERATURE	
		AM	PM
		GROUND CONDITIONS	
		HOURS LOST DUE TO BAD WEATHER	

PROBLEMS / DELAYS		SCHEDULE	
		COMPLETION DATE	
		DAYS AHEAD OF SCHEDULE	
		DAYS BEHIND SCHEDULE	

INJURIES		SAFETY	
INJURIES ON THE JOB	O YES O NO	TOOLBOX TOPIC	O YES O NO
IF YES, WAS OSHA NOTIFIED?	O YES O NO	SIGNAGE POSTED	O YES O NO
TYPES OF INJURY	O FIRST AID O HOSPITAL	EVERYONE WEARING PPE	O YES O NO
DETAILS OF INJURY		CHECKLIST COMPLETE	O YES O NO
		NOTES	

SUMMARY OF WORK PERFORMED TODAY

NAME	SIGNATURE

EMPLOYEE	CRAFT	CONTRACTED HOURS	OVERTIME	SUBCONTRACTORS	CRAFT	HOURS WORKED

EQUIPMENT ON SITE	NUMBER OF UNITS	WORKING	
		YES	NO
		○	○
		○	○
		○	○
		○	○
		○	○
		○	○
		○	○
		○	○
		○	○

MATERIALS DELIVERED	NO. OF UNITS	MATERIALS RENTED	DATE	RATE

NOTES

DAILY LOG OF CONSTRUCTIONS

DATE	/ /		DAY	○ MON	○ TUE	○ WED	○ THU	○ FRI	○ SAT	○ SUN

FOREMAN	
CONTRACT #	

VISITORS	WEATHER	
	AM	PM
	TEMPERATURE	
	AM	PM
	GROUND CONDITIONS	
	HOURS LOST DUE TO BAD WEATHER	

PROBLEMS / DELAYS	SCHEDULE	
	COMPLETION DATE	
	DAYS AHEAD OF SCHEDULE	
	DAYS BEHIND SCHEDULE	

INJURIES		SAFETY	
INJURIES ON THE JOB	○ YES ○ NO	TOOLBOX TOPIC	○ YES ○ NO
IF YES, WAS OSHA NOTIFIED?	○ YES ○ NO	SIGNAGE POSTED	○ YES ○ NO
TYPES OF INJURY	○ FIRST AID ○ HOSPITAL	EVERYONE WEARING PPE	○ YES ○ NO
DETAILS OF INJURY		CHECKLIST COMPLETE	○ YES ○ NO
		NOTES	

SUMMARY OF WORK PERFORMED TODAY

NAME	SIGNATURE

EMPLOYEE	CRAFT	CONTRACTED HOURS	OVERTIME	SUBCONTRACTORS	CRAFT	HOURS WORKED

EQUIPMENT ON SITE	NUMBER OF UNITS	WORKING	
		YES	NO
		○	○
		○	○
		○	○
		○	○
		○	○
		○	○
		○	○
		○	○
		○	○

MATERIALS DELIVERED	NO. OF UNITS	MATERIALS RENTED	DATE	RATE

NOTES

DAILY LOG OF CONSTRUCTIONS

DATE	/ /	DAY	O MON	O TUE	O WED	O THU	O FRI	O SAT	O SUN

FOREMAN	
CONTRACT #	

VISITORS	WEATHER	
	AM	PM
	TEMPERATURE	
	AM	PM
	GROUND CONDITIONS	
	HOURS LOST DUE TO BAD WEATHER	

PROBLEMS / DELAYS	SCHEDULE	
	COMPLETION DATE	
	DAYS AHEAD OF SCHEDULE	
	DAYS BEHIND SCHEDULE	

INJURIES		SAFETY	
INJURIES ON THE JOB	O YES O NO	TOOLBOX TOPIC	O YES O NO
IF YES, WAS OSHA NOTIFIED?	O YES O NO	SIGNAGE POSTED	O YES O NO
TYPES OF INJURY	O FIRST AID O HOSPITAL	EVERYONE WEARING PPE	O YES O NO
DETAILS OF INJURY		CHECKLIST COMPLETE	O YES O NO
		NOTES	

SUMMARY OF WORK PERFORMED TODAY

NAME	SIGNATURE

EMPLOYEE	CRAFT	CONTRACTED HOURS	OVERTIME	SUBCONTRACTORS	CRAFT	HOURS WORKED

EQUIPMENT ON SITE	NUMBER OF UNITS	WORKING	
		YES	NO
		○	○
		○	○
		○	○
		○	○
		○	○
		○	○
		○	○
		○	○
		○	○

MATERIALS DELIVERED	NO. OF UNITS	MATERIALS RENTED	DATE	RATE

NOTES

DAILY LOG OF CONSTRUCTIONS

DATE	/ /		DAY	O MON	O TUE	O WED	O THU	O FRI	O SAT	O SUN

FOREMAN	
CONTRACT #	

VISITORS		WEATHER	
	AM		PM
	TEMPERATURE		
	AM		PM
	GROUND CONDITIONS		
	HOURS LOST DUE TO BAD WEATHER		

PROBLEMS / DELAYS		SCHEDULE	
	COMPLETION DATE		
	DAYS AHEAD OF SCHEDULE		
	DAYS BEHIND SCHEDULE		

INJURIES		SAFETY	
INJURIES ON THE JOB	O YES O NO	TOOLBOX TOPIC	O YES O NO
IF YES, WAS OSHA NOTIFIED?	O YES O NO	SIGNAGE POSTED	O YES O NO
TYPES OF INJURY	O FIRST AID O HOSPITAL	EVERYONE WEARING PPE	O YES O NO
DETAILS OF INJURY		CHECKLIST COMPLETE	O YES O NO
		NOTES	

SUMMARY OF WORK PERFORMED TODAY

NAME	SIGNATURE

EMPLOYEE	CRAFT	CONTRACTED HOURS	OVERTIME	SUBCONTRACTORS	CRAFT	HOURS WORKED

EQUIPMENT ON SITE	NUMBER OF UNITS	WORKING	
		YES	NO
		○	○
		○	○
		○	○
		○	○
		○	○
		○	○
		○	○
		○	○
		○	○

MATERIALS DELIVERED	NO. OF UNITS	MATERIALS RENTED	DATE	RATE

NOTES

DAILY LOG OF CONSTRUCTIONS

DATE	/ /		DAY	O MON	O TUE	O WED	O THU	O FRI	O SAT	O SUN

FOREMAN	
CONTRACT #	

VISITORS		WEATHER	
		AM	PM
		TEMPERATURE	
		AM	PM
		GROUND CONDITIONS	
		HOURS LOST DUE TO BAD WEATHER	

PROBLEMS / DELAYS		SCHEDULE	
		COMPLETION DATE	
		DAYS AHEAD OF SCHEDULE	
		DAYS BEHIND SCHEDULE	

INJURIES		SAFETY	
INJURIES ON THE JOB	O YES O NO	TOOLBOX TOPIC	O YES O NO
IF YES, WAS OSHA NOTIFIED?	O YES O NO	SIGNAGE POSTED	O YES O NO
TYPES OF INJURY	O FIRST AID O HOSPITAL	EVERYONE WEARING PPE	O YES O NO
DETAILS OF INJURY		CHECKLIST COMPLETE	O YES O NO
		NOTES	

SUMMARY OF WORK PERFORMED TODAY

NAME	SIGNATURE

EMPLOYEE	CRAFT	CONTRACTED HOURS	OVERTIME	SUBCONTRACTORS	CRAFT	HOURS WORKED

EQUIPMENT ON SITE	NUMBER OF UNITS	WORKING	
		YES	NO
		○	○
		○	○
		○	○
		○	○
		○	○
		○	○
		○	○
		○	○
		○	○

MATERIALS DELIVERED	NO. OF UNITS	MATERIALS RENTED	DATE	RATE

NOTES

DAILY LOG OF CONSTRUCTIONS

DATE	/ /		DAY	O MON	O TUE	O WED	O THU	O FRI	O SAT	O SUN

FOREMAN	
CONTRACT #	

VISITORS

WEATHER	
AM	PM

TEMPERATURE	
AM	PM

GROUND CONDITIONS

HOURS LOST DUE TO BAD WEATHER

PROBLEMS / DELAYS

SCHEDULE	
COMPLETION DATE	
DAYS AHEAD OF SCHEDULE	
DAYS BEHIND SCHEDULE	

INJURIES	
INJURIES ON THE JOB	O YES O NO
IF YES, WAS OSHA NOTIFIED?	O YES O NO
TYPES OF INJURY	O FIRST AID O HOSPITAL
DETAILS OF INJURY	

SAFETY	
TOOLBOX TOPIC	O YES O NO
SIGNAGE POSTED	O YES O NO
EVERYONE WEARING PPE	O YES O NO
CHECKLIST COMPLETE	O YES O NO
NOTES	

SUMMARY OF WORK PERFORMED TODAY

NAME	SIGNATURE

EMPLOYEE	CRAFT	CONTRACTED HOURS	OVERTIME	SUBCONTRACTORS	CRAFT	HOURS WORKED

EQUIPMENT ON SITE	NUMBER OF UNITS	WORKING	
		YES	NO
		○	○
		○	○
		○	○
		○	○
		○	○
		○	○
		○	○
		○	○
		○	○

MATERIALS DELIVERED	NO. OF UNITS	MATERIALS RENTED	DATE	RATE

NOTES

DAILY LOG OF CONSTRUCTIONS

DATE	/ /	DAY	O MON	O TUE	O WED	O THU	O FRI	O SAT	O SUN

FOREMAN	
CONTRACT #	

VISITORS	WEATHER	
	AM	PM
	TEMPERATURE	
	AM	PM
	GROUND CONDITIONS	
	HOURS LOST DUE TO BAD WEATHER	

PROBLEMS / DELAYS	SCHEDULE	
	COMPLETION DATE	
	DAYS AHEAD OF SCHEDULE	
	DAYS BEHIND SCHEDULE	

INJURIES		SAFETY	
INJURIES ON THE JOB	O YES O NO	TOOLBOX TOPIC	O YES O NO
IF YES, WAS OSHA NOTIFIED?	O YES O NO	SIGNAGE POSTED	O YES O NO
TYPES OF INJURY	O FIRST AID O HOSPITAL	EVERYONE WEARING PPE	O YES O NO
DETAILS OF INJURY		CHECKLIST COMPLETE	O YES O NO
		NOTES	

SUMMARY OF WORK PERFORMED TODAY

NAME	SIGNATURE

EMPLOYEE	CRAFT	CONTRACTED HOURS	OVERTIME	SUBCONTRACTORS	CRAFT	HOURS WORKED

EQUIPMENT ON SITE	NUMBER OF UNITS	WORKING	
		YES	NO
		○	○
		○	○
		○	○
		○	○
		○	○
		○	○
		○	○
		○	○
		○	○

MATERIALS DELIVERED	NO. OF UNITS	MATERIALS RENTED	DATE	RATE

NOTES

DAILY LOG OF CONSTRUCTIONS

DATE	/ /		DAY	O MON	O TUE	O WED	O THU	O FRI	O SAT	O SUN

FOREMAN	
CONTRACT #	

VISITORS	WEATHER	
	AM	PM
	TEMPERATURE	
	AM	PM
	GROUND CONDITIONS	
	HOURS LOST DUE TO BAD WEATHER	

PROBLEMS / DELAYS	SCHEDULE	
	COMPLETION DATE	
	DAYS AHEAD OF SCHEDULE	
	DAYS BEHIND SCHEDULE	

INJURIES		SAFETY	
INJURIES ON THE JOB	O YES O NO	TOOLBOX TOPIC	O YES O NO
IF YES, WAS OSHA NOTIFIED?	O YES O NO	SIGNAGE POSTED	O YES O NO
TYPES OF INJURY	O FIRST AID O HOSPITAL	EVERYONE WEARING PPE	O YES O NO
DETAILS OF INJURY		CHECKLIST COMPLETE	O YES O NO
		NOTES	

SUMMARY OF WORK PERFORMED TODAY

NAME	SIGNATURE

EMPLOYEE	CRAFT	CONTRACTED HOURS	OVERTIME	SUBCONTRACTORS	CRAFT	HOURS WORKED

EQUIPMENT ON SITE	NUMBER OF UNITS	WORKING	
		YES	NO
		○	○
		○	○
		○	○
		○	○
		○	○
		○	○
		○	○
		○	○
		○	○

MATERIALS DELIVERED	NO. OF UNITS	MATERIALS RENTED	DATE	RATE

NOTES

DAILY LOG OF CONSTRUCTIONS

DATE	/ /	DAY	O MON	O TUE	O WED	O THU	O FRI	O SAT	O SUN

FOREMAN	
CONTRACT #	

VISITORS	WEATHER	
	AM	PM
	TEMPERATURE	
	AM	PM
	GROUND CONDITIONS	
	HOURS LOST DUE TO BAD WEATHER	

PROBLEMS / DELAYS	SCHEDULE	
	COMPLETION DATE	
	DAYS AHEAD OF SCHEDULE	
	DAYS BEHIND SCHEDULE	

INJURIES		SAFETY	
INJURIES ON THE JOB	O YES O NO	TOOLBOX TOPIC	O YES O NO
IF YES, WAS OSHA NOTIFIED?	O YES O NO	SIGNAGE POSTED	O YES O NO
TYPES OF INJURY	O FIRST AID O HOSPITAL	EVERYONE WEARING PPE	O YES O NO
DETAILS OF INJURY		CHECKLIST COMPLETE	O YES O NO
		NOTES	

SUMMARY OF WORK PERFORMED TODAY

NAME	SIGNATURE

EMPLOYEE	CRAFT	CONTRACTED HOURS	OVERTIME	SUBCONTRACTORS	CRAFT	HOURS WORKED

EQUIPMENT ON SITE	NUMBER OF UNITS	WORKING	
		YES	NO
		○	○
		○	○
		○	○
		○	○
		○	○
		○	○
		○	○
		○	○
		○	○

MATERIALS DELIVERED	NO. OF UNITS	MATERIALS RENTED	DATE	RATE

NOTES

DAILY LOG OF CONSTRUCTIONS

DATE	/ /		DAY	O MON	O TUE	O WED	O THU	O FRI	O SAT	O SUN

FOREMAN	
CONTRACT #	

VISITORS	WEATHER	
	AM	PM
	TEMPERATURE	
	AM	PM
	GROUND CONDITIONS	
	HOURS LOST DUE TO BAD WEATHER	

PROBLEMS / DELAYS	SCHEDULE	
	COMPLETION DATE	
	DAYS AHEAD OF SCHEDULE	
	DAYS BEHIND SCHEDULE	

INJURIES		SAFETY	
INJURIES ON THE JOB	O YES O NO	TOOLBOX TOPIC	O YES O NO
IF YES, WAS OSHA NOTIFIED?	O YES O NO	SIGNAGE POSTED	O YES O NO
TYPES OF INJURY	O FIRST AID O HOSPITAL	EVERYONE WEARING PPE	O YES O NO
DETAILS OF INJURY		CHECKLIST COMPLETE	O YES O NO
		NOTES	

SUMMARY OF WORK PERFORMED TODAY

NAME	SIGNATURE

EMPLOYEE	CRAFT	CONTRACTED HOURS	OVERTIME	SUBCONTRACTORS	CRAFT	HOURS WORKED

EQUIPMENT ON SITE	NUMBER OF UNITS	WORKING	
		YES	NO
		○	○
		○	○
		○	○
		○	○
		○	○
		○	○
		○	○
		○	○
		○	○

MATERIALS DELIVERED	NO. OF UNITS	MATERIALS RENTED	DATE	RATE

NOTES

DAILY LOG OF CONSTRUCTIONS

| DATE | / | / | DAY | O MON | O TUE | O WED | O THU | O FRI | O SAT | O SUN |

FOREMAN	
CONTRACT #	

VISITORS

WEATHER	
AM	PM
TEMPERATURE	
AM	PM
GROUND CONDITIONS	
HOURS LOST DUE TO BAD WEATHER	

PROBLEMS / DELAYS

SCHEDULE	
COMPLETION DATE	
DAYS AHEAD OF SCHEDULE	
DAYS BEHIND SCHEDULE	

INJURIES	
INJURIES ON THE JOB	O YES O NO
IF YES, WAS OSHA NOTIFIED?	O YES O NO
TYPES OF INJURY	O FIRST AID O HOSPITAL
DETAILS OF INJURY	

SAFETY	
TOOLBOX TOPIC	O YES O NO
SIGNAGE POSTED	O YES O NO
EVERYONE WEARING PPE	O YES O NO
CHECKLIST COMPLETE	O YES O NO
NOTES	

SUMMARY OF WORK PERFORMED TODAY

NAME	SIGNATURE

EMPLOYEE	CRAFT	CONTRACTED HOURS	OVERTIME	SUBCONTRACTORS	CRAFT	HOURS WORKED

EQUIPMENT ON SITE	NUMBER OF UNITS	WORKING	
		YES	NO
		○	○
		○	○
		○	○
		○	○
		○	○
		○	○
		○	○
		○	○
		○	○

MATERIALS DELIVERED	NO. OF UNITS	MATERIALS RENTED	DATE	RATE

NOTES

DAILY LOG OF CONSTRUCTIONS

DATE	/ /	DAY	○ MON	○ TUE	○ WED	○ THU	○ FRI	○ SAT	○ SUN

FOREMAN	
CONTRACT #	

VISITORS	WEATHER	
	AM	PM
	TEMPERATURE	
	AM	PM
	GROUND CONDITIONS	
	HOURS LOST DUE TO BAD WEATHER	

PROBLEMS / DELAYS	SCHEDULE	
	COMPLETION DATE	
	DAYS AHEAD OF SCHEDULE	
	DAYS BEHIND SCHEDULE	

INJURIES		SAFETY	
INJURIES ON THE JOB	○ YES ○ NO	TOOLBOX TOPIC	○ YES ○ NO
IF YES, WAS OSHA NOTIFIED?	○ YES ○ NO	SIGNAGE POSTED	○ YES ○ NO
TYPES OF INJURY	○ FIRST AID ○ HOSPITAL	EVERYONE WEARING PPE	○ YES ○ NO
DETAILS OF INJURY		CHECKLIST COMPLETE	○ YES ○ NO
		NOTES	

SUMMARY OF WORK PERFORMED TODAY

NAME	SIGNATURE

EMPLOYEE	CRAFT	CONTRACTED HOURS	OVERTIME	SUBCONTRACTORS	CRAFT	HOURS WORKED

EQUIPMENT ON SITE	NUMBER OF UNITS	WORKING	
		YES	NO
		○	○
		○	○
		○	○
		○	○
		○	○
		○	○
		○	○
		○	○
		○	○

MATERIALS DELIVERED	NO. OF UNITS	MATERIALS RENTED	DATE	RATE

NOTES

DAILY LOG OF CONSTRUCTIONS

DATE	/ /	DAY	O MON	O TUE	O WED	O THU	O FRI	O SAT	O SUN

FOREMAN	
CONTRACT #	

VISITORS	WEATHER	
	AM	PM
	TEMPERATURE	
	AM	PM
	GROUND CONDITIONS	
	HOURS LOST DUE TO BAD WEATHER	

PROBLEMS / DELAYS	SCHEDULE	
	COMPLETION DATE	
	DAYS AHEAD OF SCHEDULE	
	DAYS BEHIND SCHEDULE	

INJURIES		SAFETY	
INJURIES ON THE JOB	O YES O NO	TOOLBOX TOPIC	O YES O NO
IF YES, WAS OSHA NOTIFIED?	O YES O NO	SIGNAGE POSTED	O YES O NO
TYPES OF INJURY	O FIRST AID O HOSPITAL	EVERYONE WEARING PPE	O YES O NO
DETAILS OF INJURY		CHECKLIST COMPLETE	O YES O NO
		NOTES	

SUMMARY OF WORK PERFORMED TODAY

NAME	SIGNATURE

EMPLOYEE	CRAFT	CONTRACTED HOURS	OVERTIME	SUBCONTRACTORS	CRAFT	HOURS WORKED

EQUIPMENT ON SITE	NUMBER OF UNITS	WORKING	
		YES	NO
		○	○
		○	○
		○	○
		○	○
		○	○
		○	○
		○	○
		○	○
		○	○

MATERIALS DELIVERED	NO. OF UNITS	MATERIALS RENTED	DATE	RATE

NOTES

DAILY LOG OF CONSTRUCTIONS

DATE	/ /		DAY	O MON	O TUE	O WED	O THU	O FRI	O SAT	O SUN

FOREMAN	
CONTRACT #	

VISITORS	WEATHER	
	AM	PM
	TEMPERATURE	
	AM	PM
	GROUND CONDITIONS	
	HOURS LOST DUE TO BAD WEATHER	

PROBLEMS / DELAYS	SCHEDULE	
	COMPLETION DATE	
	DAYS AHEAD OF SCHEDULE	
	DAYS BEHIND SCHEDULE	

INJURIES		SAFETY	
INJURIES ON THE JOB	O YES O NO	TOOLBOX TOPIC	O YES O NO
IF YES, WAS OSHA NOTIFIED?	O YES O NO	SIGNAGE POSTED	O YES O NO
TYPES OF INJURY	O FIRST AID O HOSPITAL	EVERYONE WEARING PPE	O YES O NO
DETAILS OF INJURY		CHECKLIST COMPLETE	O YES O NO
		NOTES	

SUMMARY OF WORK PERFORMED TODAY

NAME	SIGNATURE

EMPLOYEE	CRAFT	CONTRACTED HOURS	OVERTIME	SUBCONTRACTORS	CRAFT	HOURS WORKED

EQUIPMENT ON SITE	NUMBER OF UNITS	WORKING	
		YES	NO
		○	○
		○	○
		○	○
		○	○
		○	○
		○	○
		○	○
		○	○
		○	○

MATERIALS DELIVERED	NO. OF UNITS	MATERIALS RENTED	DATE	RATE

NOTES

DAILY LOG OF CONSTRUCTIONS

DATE	/ /		DAY	O MON	O TUE	O WED	O THU	O FRI	O SAT	O SUN

FOREMAN	
CONTRACT #	

VISITORS		WEATHER	
		AM	PM
		TEMPERATURE	
		AM	PM
		GROUND CONDITIONS	
		HOURS LOST DUE TO BAD WEATHER	

PROBLEMS / DELAYS		SCHEDULE	
		COMPLETION DATE	
		DAYS AHEAD OF SCHEDULE	
		DAYS BEHIND SCHEDULE	

INJURIES		SAFETY	
INJURIES ON THE JOB	O YES O NO	TOOLBOX TOPIC	O YES O NO
IF YES, WAS OSHA NOTIFIED?	O YES O NO	SIGNAGE POSTED	O YES O NO
TYPES OF INJURY	O FIRST AID O HOSPITAL	EVERYONE WEARING PPE	O YES O NO
DETAILS OF INJURY		CHECKLIST COMPLETE	O YES O NO
		NOTES	

SUMMARY OF WORK PERFORMED TODAY

NAME	SIGNATURE

EMPLOYEE	CRAFT	CONTRACTED HOURS	OVERTIME	SUBCONTRACTORS	CRAFT	HOURS WORKED

EQUIPMENT ON SITE	NUMBER OF UNITS	WORKING	
		YES	NO
		○	○
		○	○
		○	○
		○	○
		○	○
		○	○
		○	○
		○	○
		○	○

MATERIALS DELIVERED	NO. OF UNITS	MATERIALS RENTED	DATE	RATE

NOTES

DAILY LOG OF CONSTRUCTIONS

DATE	/ /		DAY	O MON	O TUE	O WED	O THU	O FRI	O SAT	O SUN

FOREMAN	
CONTRACT #	

VISITORS	WEATHER	
	AM	PM
	TEMPERATURE	
	AM	PM
	GROUND CONDITIONS	
	HOURS LOST DUE TO BAD WEATHER	

PROBLEMS / DELAYS	SCHEDULE	
	COMPLETION DATE	
	DAYS AHEAD OF SCHEDULE	
	DAYS BEHIND SCHEDULE	

INJURIES		SAFETY	
INJURIES ON THE JOB	O YES O NO	TOOLBOX TOPIC	O YES O NO
IF YES, WAS OSHA NOTIFIED?	O YES O NO	SIGNAGE POSTED	O YES O NO
TYPES OF INJURY	O FIRST AID O HOSPITAL	EVERYONE WEARING PPE	O YES O NO
DETAILS OF INJURY		CHECKLIST COMPLETE	O YES O NO
		NOTES	

SUMMARY OF WORK PERFORMED TODAY

NAME	SIGNATURE

EMPLOYEE	CRAFT	CONTRACTED HOURS	OVERTIME	SUBCONTRACTORS	CRAFT	HOURS WORKED

EQUIPMENT ON SITE	NUMBER OF UNITS	WORKING	
		YES	NO
		○	○
		○	○
		○	○
		○	○
		○	○
		○	○
		○	○
		○	○
		○	○

MATERIALS DELIVERED	NO. OF UNITS	MATERIALS RENTED	DATE	RATE

NOTES

DAILY LOG OF CONSTRUCTIONS

DATE	/ /		DAY	O MON	O TUE	O WED	O THU	O FRI	O SAT	O SUN

FOREMAN	
CONTRACT #	

VISITORS		WEATHER	
		AM	PM
		TEMPERATURE	
		AM	PM
		GROUND CONDITIONS	
		HOURS LOST DUE TO BAD WEATHER	

PROBLEMS / DELAYS		SCHEDULE	
		COMPLETION DATE	
		DAYS AHEAD OF SCHEDULE	
		DAYS BEHIND SCHEDULE	

INJURIES		SAFETY	
INJURIES ON THE JOB	O YES O NO	TOOLBOX TOPIC	O YES O NO
IF YES, WAS OSHA NOTIFIED?	O YES O NO	SIGNAGE POSTED	O YES O NO
TYPES OF INJURY	O FIRST AID O HOSPITAL	EVERYONE WEARING PPE	O YES O NO
DETAILS OF INJURY		CHECKLIST COMPLETE	O YES O NO
		NOTES	

SUMMARY OF WORK PERFORMED TODAY

NAME	SIGNATURE

EMPLOYEE	CRAFT	CONTRACTED HOURS	OVERTIME	SUBCONTRACTORS	CRAFT	HOURS WORKED

EQUIPMENT ON SITE	NUMBER OF UNITS	WORKING	
		YES	NO
		○	○
		○	○
		○	○
		○	○
		○	○
		○	○
		○	○
		○	○
		○	○

MATERIALS DELIVERED	NO. OF UNITS	MATERIALS RENTED	DATE	RATE

NOTES

DAILY LOG OF CONSTRUCTIONS

DATE	/ /	DAY	O MON	O TUE	O WED	O THU	O FRI	O SAT	O SUN

FOREMAN	
CONTRACT #	

VISITORS

WEATHER	
AM	PM

TEMPERATURE	
AM	PM

GROUND CONDITIONS

HOURS LOST DUE TO BAD WEATHER

PROBLEMS / DELAYS

SCHEDULE	
COMPLETION DATE	
DAYS AHEAD OF SCHEDULE	
DAYS BEHIND SCHEDULE	

INJURIES	
INJURIES ON THE JOB	O YES O NO
IF YES, WAS OSHA NOTIFIED?	O YES O NO
TYPES OF INJURY	O FIRST AID O HOSPITAL
DETAILS OF INJURY	

SAFETY	
TOOLBOX TOPIC	O YES O NO
SIGNAGE POSTED	O YES O NO
EVERYONE WEARING PPE	O YES O NO
CHECKLIST COMPLETE	O YES O NO
NOTES	

SUMMARY OF WORK PERFORMED TODAY

NAME	SIGNATURE

EMPLOYEE	CRAFT	CONTRACTED HOURS	OVERTIME	SUBCONTRACTORS	CRAFT	HOURS WORKED

EQUIPMENT ON SITE	NUMBER OF UNITS	WORKING	
		YES	NO
		○	○
		○	○
		○	○
		○	○
		○	○
		○	○
		○	○
		○	○
		○	○

MATERIALS DELIVERED	NO. OF UNITS	MATERIALS RENTED	DATE	RATE

NOTES

DAILY LOG OF CONSTRUCTIONS

| DATE | / / | | DAY | O MON | O TUE | O WED | O THU | O FRI | O SAT | O SUN |

FOREMAN	
CONTRACT #	

VISITORS	WEATHER	
	AM	PM
	TEMPERATURE	
	AM	PM
	GROUND CONDITIONS	
	HOURS LOST DUE TO BAD WEATHER	

PROBLEMS / DELAYS	SCHEDULE	
	COMPLETION DATE	
	DAYS AHEAD OF SCHEDULE	
	DAYS BEHIND SCHEDULE	

INJURIES		SAFETY	
INJURIES ON THE JOB	O YES O NO	TOOLBOX TOPIC	O YES O NO
IF YES, WAS OSHA NOTIFIED?	O YES O NO	SIGNAGE POSTED	O YES O NO
TYPES OF INJURY	O FIRST AID O HOSPITAL	EVERYONE WEARING PPE	O YES O NO
DETAILS OF INJURY		CHECKLIST COMPLETE	O YES O NO
		NOTES	

SUMMARY OF WORK PERFORMED TODAY

NAME	SIGNATURE

EMPLOYEE	CRAFT	CONTRACTED HOURS	OVERTIME	SUBCONTRACTORS	CRAFT	HOURS WORKED

EQUIPMENT ON SITE	NUMBER OF UNITS	WORKING	
		YES	NO
		○	○
		○	○
		○	○
		○	○
		○	○
		○	○
		○	○
		○	○
		○	○

MATERIALS DELIVERED	NO. OF UNITS	MATERIALS RENTED	DATE	RATE

NOTES

DAILY LOG OF CONSTRUCTIONS

DATE	/ /		DAY	O MON	O TUE	O WED	O THU	O FRI	O SAT	O SUN

FOREMAN	
CONTRACT #	

VISITORS	WEATHER	
	AM	PM
	TEMPERATURE	
	AM	PM
	GROUND CONDITIONS	
	HOURS LOST DUE TO BAD WEATHER	

PROBLEMS / DELAYS	SCHEDULE	
	COMPLETION DATE	
	DAYS AHEAD OF SCHEDULE	
	DAYS BEHIND SCHEDULE	

INJURIES		SAFETY	
INJURIES ON THE JOB	O YES O NO	TOOLBOX TOPIC	O YES O NO
IF YES, WAS OSHA NOTIFIED?	O YES O NO	SIGNAGE POSTED	O YES O NO
TYPES OF INJURY	O FIRST AID O HOSPITAL	EVERYONE WEARING PPE	O YES O NO
DETAILS OF INJURY		CHECKLIST COMPLETE	O YES O NO
		NOTES	

SUMMARY OF WORK PERFORMED TODAY

NAME	SIGNATURE

EMPLOYEE	CRAFT	CONTRACTED HOURS	OVERTIME	SUBCONTRACTORS	CRAFT	HOURS WORKED

EQUIPMENT ON SITE	NUMBER OF UNITS	WORKING	
		YES	NO
		○	○
		○	○
		○	○
		○	○
		○	○
		○	○
		○	○
		○	○
		○	○

MATERIALS DELIVERED	NO. OF UNITS	MATERIALS RENTED	DATE	RATE

NOTES

DAILY LOG OF CONSTRUCTIONS

DATE	/ /		DAY	O MON	O TUE	O WED	O THU	O FRI	O SAT	O SUN

FOREMAN	
CONTRACT #	

VISITORS		WEATHER	
		AM	PM
		TEMPERATURE	
		AM	PM
		GROUND CONDITIONS	
		HOURS LOST DUE TO BAD WEATHER	

PROBLEMS / DELAYS		SCHEDULE	
		COMPLETION DATE	
		DAYS AHEAD OF SCHEDULE	
		DAYS BEHIND SCHEDULE	

INJURIES		SAFETY	
INJURIES ON THE JOB	O YES O NO	TOOLBOX TOPIC	O YES O NO
IF YES, WAS OSHA NOTIFIED?	O YES O NO	SIGNAGE POSTED	O YES O NO
TYPES OF INJURY	O FIRST AID O HOSPITAL	EVERYONE WEARING PPE	O YES O NO
DETAILS OF INJURY		CHECKLIST COMPLETE	O YES O NO
		NOTES	

SUMMARY OF WORK PERFORMED TODAY

NAME	SIGNATURE

EMPLOYEE	CRAFT	CONTRACTED HOURS	OVERTIME	SUBCONTRACTORS	CRAFT	HOURS WORKED

EQUIPMENT ON SITE	NUMBER OF UNITS	WORKING	
		YES	NO
		○	○
		○	○
		○	○
		○	○
		○	○
		○	○
		○	○
		○	○
		○	○

MATERIALS DELIVERED	NO. OF UNITS	MATERIALS RENTED	DATE	RATE

NOTES

DAILY LOG OF CONSTRUCTIONS

DATE	/ /		DAY	O MON	O TUE	O WED	O THU	O FRI	O SAT	O SUN

FOREMAN	
CONTRACT #	

VISITORS		WEATHER	
		AM	PM
		TEMPERATURE	
		AM	PM
		GROUND CONDITIONS	
		HOURS LOST DUE TO BAD WEATHER	

PROBLEMS / DELAYS		SCHEDULE	
		COMPLETION DATE	
		DAYS AHEAD OF SCHEDULE	
		DAYS BEHIND SCHEDULE	

INJURIES		SAFETY	
INJURIES ON THE JOB	O YES O NO	TOOLBOX TOPIC	O YES O NO
IF YES, WAS OSHA NOTIFIED?	O YES O NO	SIGNAGE POSTED	O YES O NO
TYPES OF INJURY	O FIRST AID O HOSPITAL	EVERYONE WEARING PPE	O YES O NO
DETAILS OF INJURY		CHECKLIST COMPLETE	O YES O NO
		NOTES	

SUMMARY OF WORK PERFORMED TODAY

NAME	SIGNATURE

EMPLOYEE	CRAFT	CONTRACTED HOURS	OVERTIME	SUBCONTRACTORS	CRAFT	HOURS WORKED

EQUIPMENT ON SITE	NUMBER OF UNITS	WORKING	
		YES	NO
		○	○
		○	○
		○	○
		○	○
		○	○
		○	○
		○	○
		○	○
		○	○

MATERIALS DELIVERED	NO. OF UNITS	MATERIALS RENTED	DATE	RATE

NOTES

DAILY LOG OF CONSTRUCTIONS

DATE	/ /		DAY	O MON	O TUE	O WED	O THU	O FRI	O SAT	O SUN

FOREMAN	
CONTRACT #	

VISITORS		WEATHER	
		AM	PM
		TEMPERATURE	
		AM	PM
		GROUND CONDITIONS	
		HOURS LOST DUE TO BAD WEATHER	

PROBLEMS / DELAYS		SCHEDULE	
		COMPLETION DATE	
		DAYS AHEAD OF SCHEDULE	
		DAYS BEHIND SCHEDULE	

INJURIES		SAFETY	
INJURIES ON THE JOB	O YES O NO	TOOLBOX TOPIC	O YES O NO
IF YES, WAS OSHA NOTIFIED?	O YES O NO	SIGNAGE POSTED	O YES O NO
TYPES OF INJURY	O FIRST AID O HOSPITAL	EVERYONE WEARING PPE	O YES O NO
DETAILS OF INJURY		CHECKLIST COMPLETE	O YES O NO
		NOTES	

SUMMARY OF WORK PERFORMED TODAY

NAME	SIGNATURE

EMPLOYEE	CRAFT	CONTRACTED HOURS	OVERTIME	SUBCONTRACTORS	CRAFT	HOURS WORKED

| EQUIPMENT ON SITE | NUMBER OF UNITS | WORKING | |
		YES	NO
		○	○
		○	○
		○	○
		○	○
		○	○
		○	○
		○	○
		○	○
		○	○

MATERIALS DELIVERED	NO. OF UNITS	MATERIALS RENTED	DATE	RATE

NOTES

DAILY LOG OF CONSTRUCTIONS

DATE	/ /	DAY	O MON	O TUE	O WED	O THU	O FRI	O SAT	O SUN

FOREMAN	
CONTRACT #	

VISITORS	WEATHER	
	AM	PM
	TEMPERATURE	
	AM	PM
	GROUND CONDITIONS	
	HOURS LOST DUE TO BAD WEATHER	

PROBLEMS / DELAYS	SCHEDULE	
	COMPLETION DATE	
	DAYS AHEAD OF SCHEDULE	
	DAYS BEHIND SCHEDULE	

INJURIES		SAFETY	
INJURIES ON THE JOB	O YES O NO	TOOLBOX TOPIC	O YES O NO
IF YES, WAS OSHA NOTIFIED?	O YES O NO	SIGNAGE POSTED	O YES O NO
TYPES OF INJURY	O FIRST AID O HOSPITAL	EVERYONE WEARING PPE	O YES O NO
DETAILS OF INJURY		CHECKLIST COMPLETE	O YES O NO
		NOTES	

SUMMARY OF WORK PERFORMED TODAY

NAME	SIGNATURE

EMPLOYEE	CRAFT	CONTRACTED HOURS	OVERTIME	SUBCONTRACTORS	CRAFT	HOURS WORKED

EQUIPMENT ON SITE	NUMBER OF UNITS	WORKING	
		YES	NO
		○	○
		○	○
		○	○
		○	○
		○	○
		○	○
		○	○
		○	○
		○	○

MATERIALS DELIVERED	NO. OF UNITS	MATERIALS RENTED	DATE	RATE

NOTES

DAILY LOG OF CONSTRUCTIONS

DATE	/ /		DAY	O MON	O TUE	O WED	O THU	O FRI	O SAT	O SUN

FOREMAN	
CONTRACT #	

VISITORS		WEATHER	
		AM	PM
		TEMPERATURE	
		AM	PM
		GROUND CONDITIONS	
		HOURS LOST DUE TO BAD WEATHER	

PROBLEMS / DELAYS		SCHEDULE	
		COMPLETION DATE	
		DAYS AHEAD OF SCHEDULE	
		DAYS BEHIND SCHEDULE	

INJURIES		SAFETY	
INJURIES ON THE JOB	O YES O NO	TOOLBOX TOPIC	O YES O NO
IF YES, WAS OSHA NOTIFIED?	O YES O NO	SIGNAGE POSTED	O YES O NO
TYPES OF INJURY	O FIRST AID O HOSPITAL	EVERYONE WEARING PPE	O YES O NO
DETAILS OF INJURY		CHECKLIST COMPLETE	O YES O NO
		NOTES	

SUMMARY OF WORK PERFORMED TODAY

NAME	SIGNATURE

EMPLOYEE	CRAFT	CONTRACTED HOURS	OVERTIME	SUBCONTRACTORS	CRAFT	HOURS WORKED

EQUIPMENT ON SITE	NUMBER OF UNITS	WORKING	
		YES	NO
		○	○
		○	○
		○	○
		○	○
		○	○
		○	○
		○	○
		○	○
		○	○

MATERIALS DELIVERED	NO. OF UNITS	MATERIALS RENTED	DATE	RATE

NOTES

DAILY LOG OF CONSTRUCTIONS

DATE	/ /		DAY	O MON	O TUE	O WED	O THU	O FRI	O SAT	O SUN

FOREMAN	
CONTRACT #	

VISITORS	WEATHER	
	AM	PM
	TEMPERATURE	
	AM	PM
	GROUND CONDITIONS	
	HOURS LOST DUE TO BAD WEATHER	

PROBLEMS / DELAYS	SCHEDULE	
	COMPLETION DATE	
	DAYS AHEAD OF SCHEDULE	
	DAYS BEHIND SCHEDULE	

INJURIES		SAFETY	
INJURIES ON THE JOB	O YES O NO	TOOLBOX TOPIC	O YES O NO
IF YES, WAS OSHA NOTIFIED?	O YES O NO	SIGNAGE POSTED	O YES O NO
TYPES OF INJURY	O FIRST AID O HOSPITAL	EVERYONE WEARING PPE	O YES O NO
DETAILS OF INJURY		CHECKLIST COMPLETE	O YES O NO
		NOTES	

SUMMARY OF WORK PERFORMED TODAY

NAME	SIGNATURE

EMPLOYEE	CRAFT	CONTRACTED HOURS	OVERTIME	SUBCONTRACTORS	CRAFT	HOURS WORKED

EQUIPMENT ON SITE	NUMBER OF UNITS	WORKING	
		YES	NO
		○	○
		○	○
		○	○
		○	○
		○	○
		○	○
		○	○
		○	○
		○	○

MATERIALS DELIVERED	NO. OF UNITS	MATERIALS RENTED	DATE	RATE

NOTES

DAILY LOG OF CONSTRUCTIONS

DATE	/ /	DAY	O MON	O TUE	O WED	O THU	O FRI	O SAT	O SUN

FOREMAN	
CONTRACT #	

VISITORS		WEATHER	
		AM	PM
		TEMPERATURE	
		AM	PM
		GROUND CONDITIONS	
		HOURS LOST DUE TO BAD WEATHER	

PROBLEMS / DELAYS		SCHEDULE	
		COMPLETION DATE	
		DAYS AHEAD OF SCHEDULE	
		DAYS BEHIND SCHEDULE	

INJURIES		SAFETY	
INJURIES ON THE JOB	O YES O NO	TOOLBOX TOPIC	O YES O NO
IF YES, WAS OSHA NOTIFIED?	O YES O NO	SIGNAGE POSTED	O YES O NO
TYPES OF INJURY	O FIRST AID O HOSPITAL	EVERYONE WEARING PPE	O YES O NO
DETAILS OF INJURY		CHECKLIST COMPLETE	O YES O NO
		NOTES	

SUMMARY OF WORK PERFORMED TODAY

NAME	SIGNATURE

EMPLOYEE	CRAFT	CONTRACTED HOURS	OVERTIME	SUBCONTRACTORS	CRAFT	HOURS WORKED

EQUIPMENT ON SITE	NUMBER OF UNITS	WORKING	
		YES	NO
		○	○
		○	○
		○	○
		○	○
		○	○
		○	○
		○	○
		○	○
		○	○

MATERIALS DELIVERED	NO. OF UNITS	MATERIALS RENTED	DATE	RATE

NOTES

DAILY LOG OF CONSTRUCTIONS

DATE	/ /		DAY	O MON	O TUE	O WED	O THU	O FRI	O SAT	O SUN

FOREMAN	
CONTRACT #	

VISITORS	WEATHER	
	AM	PM
	TEMPERATURE	
	AM	PM
	GROUND CONDITIONS	
	HOURS LOST DUE TO BAD WEATHER	

PROBLEMS / DELAYS	SCHEDULE	
	COMPLETION DATE	
	DAYS AHEAD OF SCHEDULE	
	DAYS BEHIND SCHEDULE	

INJURIES		SAFETY	
INJURIES ON THE JOB	O YES O NO	TOOLBOX TOPIC	O YES O NO
IF YES, WAS OSHA NOTIFIED?	O YES O NO	SIGNAGE POSTED	O YES O NO
TYPES OF INJURY	O FIRST AID O HOSPITAL	EVERYONE WEARING PPE	O YES O NO
DETAILS OF INJURY		CHECKLIST COMPLETE	O YES O NO
		NOTES	

SUMMARY OF WORK PERFORMED TODAY

NAME	SIGNATURE

EMPLOYEE	CRAFT	CONTRACTED HOURS	OVERTIME	SUBCONTRACTORS	CRAFT	HOURS WORKED

EQUIPMENT ON SITE	NUMBER OF UNITS	WORKING	
		YES	NO
		○	○
		○	○
		○	○
		○	○
		○	○
		○	○
		○	○
		○	○
		○	○

MATERIALS DELIVERED	NO. OF UNITS	MATERIALS RENTED	DATE	RATE

NOTES

DAILY LOG OF CONSTRUCTIONS

DATE	/ /	DAY	O MON	O TUE	O WED	O THU	O FRI	O SAT	O SUN

FOREMAN	
CONTRACT #	

VISITORS	WEATHER	
	AM	PM
	TEMPERATURE	
	AM	PM
	GROUND CONDITIONS	
	HOURS LOST DUE TO BAD WEATHER	

PROBLEMS / DELAYS	SCHEDULE	
	COMPLETION DATE	
	DAYS AHEAD OF SCHEDULE	
	DAYS BEHIND SCHEDULE	

INJURIES		SAFETY	
INJURIES ON THE JOB	O YES O NO	TOOLBOX TOPIC	O YES O NO
IF YES, WAS OSHA NOTIFIED?	O YES O NO	SIGNAGE POSTED	O YES O NO
TYPES OF INJURY	O FIRST AID O HOSPITAL	EVERYONE WEARING PPE	O YES O NO
DETAILS OF INJURY		CHECKLIST COMPLETE	O YES O NO
		NOTES	

SUMMARY OF WORK PERFORMED TODAY

NAME	SIGNATURE

EMPLOYEE	CRAFT	CONTRACTED HOURS	OVERTIME	SUBCONTRACTORS	CRAFT	HOURS WORKED

| EQUIPMENT ON SITE | NUMBER OF UNITS | WORKING ||
		YES	NO
		○	○
		○	○
		○	○
		○	○
		○	○
		○	○
		○	○
		○	○
		○	○

MATERIALS DELIVERED	NO. OF UNITS	MATERIALS RENTED	DATE	RATE

NOTES

DAILY LOG OF CONSTRUCTIONS

DATE	/ /	DAY	O MON	O TUE	O WED	O THU	O FRI	O SAT	O SUN

FOREMAN	
CONTRACT #	

VISITORS	WEATHER	
	AM	PM
	TEMPERATURE	
	AM	PM
	GROUND CONDITIONS	
	HOURS LOST DUE TO BAD WEATHER	

PROBLEMS / DELAYS	SCHEDULE	
	COMPLETION DATE	
	DAYS AHEAD OF SCHEDULE	
	DAYS BEHIND SCHEDULE	

INJURIES		SAFETY	
INJURIES ON THE JOB	O YES O NO	TOOLBOX TOPIC	O YES O NO
IF YES, WAS OSHA NOTIFIED?	O YES O NO	SIGNAGE POSTED	O YES O NO
TYPES OF INJURY	O FIRST AID O HOSPITAL	EVERYONE WEARING PPE	O YES O NO
DETAILS OF INJURY		CHECKLIST COMPLETE	O YES O NO
		NOTES	

SUMMARY OF WORK PERFORMED TODAY

NAME	SIGNATURE

EMPLOYEE	CRAFT	CONTRACTED HOURS	OVERTIME	SUBCONTRACTORS	CRAFT	HOURS WORKED

EQUIPMENT ON SITE	NUMBER OF UNITS	WORKING	
		YES	NO
		○	○
		○	○
		○	○
		○	○
		○	○
		○	○
		○	○
		○	○
		○	○

MATERIALS DELIVERED	NO. OF UNITS	MATERIALS RENTED	DATE	RATE

NOTES

DAILY LOG OF CONSTRUCTIONS

DATE	/ /		DAY	○ MON	○ TUE	○ WED	○ THU	○ FRI	○ SAT	○ SUN

FOREMAN	
CONTRACT #	

VISITORS

WEATHER	
AM	PM
TEMPERATURE	
AM	PM
GROUND CONDITIONS	
HOURS LOST DUE TO BAD WEATHER	

PROBLEMS / DELAYS

SCHEDULE	
COMPLETION DATE	
DAYS AHEAD OF SCHEDULE	
DAYS BEHIND SCHEDULE	

INJURIES	
INJURIES ON THE JOB	○ YES ○ NO
IF YES, WAS OSHA NOTIFIED?	○ YES ○ NO
TYPES OF INJURY	○ FIRST AID ○ HOSPITAL
DETAILS OF INJURY	

SAFETY	
TOOLBOX TOPIC	○ YES ○ NO
SIGNAGE POSTED	○ YES ○ NO
EVERYONE WEARING PPE	○ YES ○ NO
CHECKLIST COMPLETE	○ YES ○ NO
NOTES	

SUMMARY OF WORK PERFORMED TODAY

NAME	SIGNATURE

EMPLOYEE	CRAFT	CONTRACTED HOURS	OVERTIME	SUBCONTRACTORS	CRAFT	HOURS WORKED

EQUIPMENT ON SITE	NUMBER OF UNITS	WORKING	
		YES	NO
		○	○
		○	○
		○	○
		○	○
		○	○
		○	○
		○	○
		○	○
		○	○

MATERIALS DELIVERED	NO. OF UNITS	MATERIALS RENTED	DATE	RATE

NOTES

DAILY LOG OF CONSTRUCTIONS

DATE	/ /		DAY	O MON	O TUE	O WED	O THU	O FRI	O SAT	O SUN

FOREMAN	
CONTRACT #	

VISITORS	WEATHER	
	AM	PM
	TEMPERATURE	
	AM	PM
	GROUND CONDITIONS	
	HOURS LOST DUE TO BAD WEATHER	

PROBLEMS / DELAYS	SCHEDULE	
	COMPLETION DATE	
	DAYS AHEAD OF SCHEDULE	
	DAYS BEHIND SCHEDULE	

INJURIES		SAFETY	
INJURIES ON THE JOB	O YES O NO	TOOLBOX TOPIC	O YES O NO
IF YES, WAS OSHA NOTIFIED?	O YES O NO	SIGNAGE POSTED	O YES O NO
TYPES OF INJURY	O FIRST AID O HOSPITAL	EVERYONE WEARING PPE	O YES O NO
DETAILS OF INJURY		CHECKLIST COMPLETE	O YES O NO
		NOTES	

SUMMARY OF WORK PERFORMED TODAY

NAME	SIGNATURE

EMPLOYEE	CRAFT	CONTRACTED HOURS	OVERTIME	SUBCONTRACTORS	CRAFT	HOURS WORKED

EQUIPMENT ON SITE	NUMBER OF UNITS	WORKING	
		YES	NO
		○	○
		○	○
		○	○
		○	○
		○	○
		○	○
		○	○
		○	○
		○	○

MATERIALS DELIVERED	NO. OF UNITS	MATERIALS RENTED	DATE	RATE

NOTES

DAILY LOG OF CONSTRUCTIONS

DATE	/ /	DAY	O MON	O TUE	O WED	O THU	O FRI	O SAT	O SUN

FOREMAN	
CONTRACT #	

VISITORS	WEATHER	
	AM	PM
	TEMPERATURE	
	AM	PM
	GROUND CONDITIONS	
	HOURS LOST DUE TO BAD WEATHER	

PROBLEMS / DELAYS	SCHEDULE	
	COMPLETION DATE	
	DAYS AHEAD OF SCHEDULE	
	DAYS BEHIND SCHEDULE	

INJURIES		SAFETY	
INJURIES ON THE JOB	O YES O NO	TOOLBOX TOPIC	O YES O NO
IF YES, WAS OSHA NOTIFIED?	O YES O NO	SIGNAGE POSTED	O YES O NO
TYPES OF INJURY	O FIRST AID O HOSPITAL	EVERYONE WEARING PPE	O YES O NO
DETAILS OF INJURY		CHECKLIST COMPLETE	O YES O NO
		NOTES	

SUMMARY OF WORK PERFORMED TODAY

NAME	SIGNATURE

EMPLOYEE	CRAFT	CONTRACTED HOURS	OVERTIME	SUBCONTRACTORS	CRAFT	HOURS WORKED

EQUIPMENT ON SITE	NUMBER OF UNITS	WORKING	
		YES	NO
		○	○
		○	○
		○	○
		○	○
		○	○
		○	○
		○	○
		○	○
		○	○

MATERIALS DELIVERED	NO. OF UNITS	MATERIALS RENTED	DATE	RATE

NOTES

DAILY LOG OF CONSTRUCTIONS

DATE	/ /	DAY	O MON	O TUE	O WED	O THU	O FRI	O SAT	O SUN

FOREMAN	
CONTRACT #	

VISITORS	WEATHER	
	AM	PM
	TEMPERATURE	
	AM	PM
	GROUND CONDITIONS	
	HOURS LOST DUE TO BAD WEATHER	

PROBLEMS / DELAYS	SCHEDULE	
	COMPLETION DATE	
	DAYS AHEAD OF SCHEDULE	
	DAYS BEHIND SCHEDULE	

INJURIES		SAFETY	
INJURIES ON THE JOB	O YES O NO	TOOLBOX TOPIC	O YES O NO
IF YES, WAS OSHA NOTIFIED?	O YES O NO	SIGNAGE POSTED	O YES O NO
TYPES OF INJURY	O FIRST AID O HOSPITAL	EVERYONE WEARING PPE	O YES O NO
DETAILS OF INJURY		CHECKLIST COMPLETE	O YES O NO
		NOTES	

SUMMARY OF WORK PERFORMED TODAY

NAME	SIGNATURE

EMPLOYEE	CRAFT	CONTRACTED HOURS	OVERTIME	SUBCONTRACTORS	CRAFT	HOURS WORKED

EQUIPMENT ON SITE	NUMBER OF UNITS	WORKING	
		YES	NO
		○	○
		○	○
		○	○
		○	○
		○	○
		○	○
		○	○
		○	○
		○	○

MATERIALS DELIVERED	NO. OF UNITS	MATERIALS RENTED	DATE	RATE

NOTES

DAILY LOG OF CONSTRUCTIONS

DATE	/ /	DAY	O MON	O TUE	O WED	O THU	O FRI	O SAT	O SUN

FOREMAN	
CONTRACT #	

VISITORS		WEATHER	
		AM	PM
		TEMPERATURE	
		AM	PM
		GROUND CONDITIONS	
		HOURS LOST DUE TO BAD WEATHER	

PROBLEMS / DELAYS		SCHEDULE	
		COMPLETION DATE	
		DAYS AHEAD OF SCHEDULE	
		DAYS BEHIND SCHEDULE	

INJURIES		SAFETY	
INJURIES ON THE JOB	O YES O NO	TOOLBOX TOPIC	O YES O NO
IF YES, WAS OSHA NOTIFIED?	O YES O NO	SIGNAGE POSTED	O YES O NO
TYPES OF INJURY	O FIRST AID O HOSPITAL	EVERYONE WEARING PPE	O YES O NO
DETAILS OF INJURY		CHECKLIST COMPLETE	O YES O NO
		NOTES	

SUMMARY OF WORK PERFORMED TODAY

NAME	SIGNATURE

EMPLOYEE	CRAFT	CONTRACTED HOURS	OVERTIME	SUBCONTRACTORS	CRAFT	HOURS WORKED

| EQUIPMENT ON SITE | NUMBER OF UNITS | WORKING | |
		YES	NO
		○	○
		○	○
		○	○
		○	○
		○	○
		○	○
		○	○
		○	○
		○	○

MATERIALS DELIVERED	NO. OF UNITS	MATERIALS RENTED	DATE	RATE

NOTES

DAILY LOG OF CONSTRUCTIONS

DATE	/ /		DAY	O MON	O TUE	O WED	O THU	O FRI	O SAT	O SUN

FOREMAN	
CONTRACT #	

VISITORS	WEATHER	
	AM	PM
	TEMPERATURE	
	AM	PM
	GROUND CONDITIONS	
	HOURS LOST DUE TO BAD WEATHER	

PROBLEMS / DELAYS	SCHEDULE	
	COMPLETION DATE	
	DAYS AHEAD OF SCHEDULE	
	DAYS BEHIND SCHEDULE	

INJURIES		SAFETY	
INJURIES ON THE JOB	O YES O NO	TOOLBOX TOPIC	O YES O NO
IF YES, WAS OSHA NOTIFIED?	O YES O NO	SIGNAGE POSTED	O YES O NO
TYPES OF INJURY	O FIRST AID O HOSPITAL	EVERYONE WEARING PPE	O YES O NO
DETAILS OF INJURY		CHECKLIST COMPLETE	O YES O NO
		NOTES	

SUMMARY OF WORK PERFORMED TODAY

NAME	SIGNATURE

EMPLOYEE	CRAFT	CONTRACTED HOURS	OVERTIME	SUBCONTRACTORS	CRAFT	HOURS WORKED

EQUIPMENT ON SITE	NUMBER OF UNITS	WORKING	
		YES	NO
		○	○
		○	○
		○	○
		○	○
		○	○
		○	○
		○	○
		○	○
		○	○

MATERIALS DELIVERED	NO. OF UNITS	MATERIALS RENTED	DATE	RATE

NOTES

DAILY LOG OF CONSTRUCTIONS

DATE	/ /	DAY	○ MON	○ TUE	○ WED	○ THU	○ FRI	○ SAT	○ SUN

FOREMAN	
CONTRACT #	

VISITORS

WEATHER	
AM	PM
TEMPERATURE	
AM	PM
GROUND CONDITIONS	
HOURS LOST DUE TO BAD WEATHER	

PROBLEMS / DELAYS

SCHEDULE	
COMPLETION DATE	
DAYS AHEAD OF SCHEDULE	
DAYS BEHIND SCHEDULE	

INJURIES	
INJURIES ON THE JOB	○ YES ○ NO
IF YES, WAS OSHA NOTIFIED?	○ YES ○ NO
TYPES OF INJURY	○ FIRST AID ○ HOSPITAL
DETAILS OF INJURY	

SAFETY	
TOOLBOX TOPIC	○ YES ○ NO
SIGNAGE POSTED	○ YES ○ NO
EVERYONE WEARING PPE	○ YES ○ NO
CHECKLIST COMPLETE	○ YES ○ NO
NOTES	

SUMMARY OF WORK PERFORMED TODAY

NAME	SIGNATURE

EMPLOYEE	CRAFT	CONTRACTED HOURS	OVERTIME	SUBCONTRACTORS	CRAFT	HOURS WORKED

EQUIPMENT ON SITE	NUMBER OF UNITS	WORKING	
		YES	NO
		○	○
		○	○
		○	○
		○	○
		○	○
		○	○
		○	○
		○	○
		○	○

MATERIALS DELIVERED	NO. OF UNITS	MATERIALS RENTED	DATE	RATE

NOTES

DAILY LOG OF CONSTRUCTIONS

DATE	/ /		DAY	O MON	O TUE	O WED	O THU	O FRI	O SAT	O SUN

FOREMAN	
CONTRACT #	

VISITORS		WEATHER	
		AM	PM
		TEMPERATURE	
		AM	PM
		GROUND CONDITIONS	
		HOURS LOST DUE TO BAD WEATHER	

PROBLEMS / DELAYS		SCHEDULE	
		COMPLETION DATE	
		DAYS AHEAD OF SCHEDULE	
		DAYS BEHIND SCHEDULE	

INJURIES		SAFETY	
INJURIES ON THE JOB	O YES O NO	TOOLBOX TOPIC	O YES O NO
IF YES, WAS OSHA NOTIFIED?	O YES O NO	SIGNAGE POSTED	O YES O NO
TYPES OF INJURY	O FIRST AID O HOSPITAL	EVERYONE WEARING PPE	O YES O NO
DETAILS OF INJURY		CHECKLIST COMPLETE	O YES O NO
		NOTES	

SUMMARY OF WORK PERFORMED TODAY

NAME	SIGNATURE

EMPLOYEE	CRAFT	CONTRACTED HOURS	OVERTIME	SUBCONTRACTORS	CRAFT	HOURS WORKED

EQUIPMENT ON SITE	NUMBER OF UNITS	WORKING	
		YES	NO
		○	○
		○	○
		○	○
		○	○
		○	○
		○	○
		○	○
		○	○
		○	○

MATERIALS DELIVERED	NO. OF UNITS	MATERIALS RENTED	DATE	RATE

NOTES

DAILY LOG OF CONSTRUCTIONS

DATE	/ /	DAY	O MON	O TUE	O WED	O THU	O FRI	O SAT	O SUN

FOREMAN	
CONTRACT #	

VISITORS	WEATHER	
	AM	PM
	TEMPERATURE	
	AM	PM
	GROUND CONDITIONS	
	HOURS LOST DUE TO BAD WEATHER	

PROBLEMS / DELAYS	SCHEDULE	
	COMPLETION DATE	
	DAYS AHEAD OF SCHEDULE	
	DAYS BEHIND SCHEDULE	

INJURIES		SAFETY	
INJURIES ON THE JOB	O YES O NO	TOOLBOX TOPIC	O YES O NO
IF YES, WAS OSHA NOTIFIED?	O YES O NO	SIGNAGE POSTED	O YES O NO
TYPES OF INJURY	O FIRST AID O HOSPITAL	EVERYONE WEARING PPE	O YES O NO
DETAILS OF INJURY		CHECKLIST COMPLETE	O YES O NO
		NOTES	

SUMMARY OF WORK PERFORMED TODAY

NAME	SIGNATURE

EMPLOYEE	CRAFT	CONTRACTED HOURS	OVERTIME	SUBCONTRACTORS	CRAFT	HOURS WORKED

EQUIPMENT ON SITE	NUMBER OF UNITS	WORKING	
		YES	NO
		○	○
		○	○
		○	○
		○	○
		○	○
		○	○
		○	○
		○	○
		○	○

MATERIALS DELIVERED	NO. OF UNITS	MATERIALS RENTED	DATE	RATE

NOTES

DAILY LOG OF CONSTRUCTIONS

DATE	/ /	DAY	O MON	O TUE	O WED	O THU	O FRI	O SAT	O SUN

FOREMAN	
CONTRACT #	

VISITORS	WEATHER	
	AM	PM
	TEMPERATURE	
	AM	PM
	GROUND CONDITIONS	
	HOURS LOST DUE TO BAD WEATHER	

PROBLEMS / DELAYS	SCHEDULE	
	COMPLETION DATE	
	DAYS AHEAD OF SCHEDULE	
	DAYS BEHIND SCHEDULE	

INJURIES		SAFETY	
INJURIES ON THE JOB	O YES O NO	TOOLBOX TOPIC	O YES O NO
IF YES, WAS OSHA NOTIFIED?	O YES O NO	SIGNAGE POSTED	O YES O NO
TYPES OF INJURY	O FIRST AID O HOSPITAL	EVERYONE WEARING PPE	O YES O NO
DETAILS OF INJURY		CHECKLIST COMPLETE	O YES O NO
		NOTES	

SUMMARY OF WORK PERFORMED TODAY

NAME	SIGNATURE

EMPLOYEE	CRAFT	CONTRACTED HOURS	OVERTIME	SUBCONTRACTORS	CRAFT	HOURS WORKED

EQUIPMENT ON SITE	NUMBER OF UNITS	WORKING	
		YES	NO
		○	○
		○	○
		○	○
		○	○
		○	○
		○	○
		○	○
		○	○
		○	○

MATERIALS DELIVERED	NO. OF UNITS	MATERIALS RENTED	DATE	RATE

NOTES

DAILY LOG OF CONSTRUCTIONS

DATE	/ /		DAY	O MON	O TUE	O WED	O THU	O FRI	O SAT	O SUN

FOREMAN	
CONTRACT #	

VISITORS	WEATHER	
	AM	PM
	TEMPERATURE	
	AM	PM
	GROUND CONDITIONS	
	HOURS LOST DUE TO BAD WEATHER	

PROBLEMS / DELAYS	SCHEDULE	
	COMPLETION DATE	
	DAYS AHEAD OF SCHEDULE	
	DAYS BEHIND SCHEDULE	

INJURIES		SAFETY	
INJURIES ON THE JOB	O YES O NO	TOOLBOX TOPIC	O YES O NO
IF YES, WAS OSHA NOTIFIED?	O YES O NO	SIGNAGE POSTED	O YES O NO
TYPES OF INJURY	O FIRST AID O HOSPITAL	EVERYONE WEARING PPE	O YES O NO
DETAILS OF INJURY		CHECKLIST COMPLETE	O YES O NO
		NOTES	

SUMMARY OF WORK PERFORMED TODAY

NAME	SIGNATURE

EMPLOYEE	CRAFT	CONTRACTED HOURS	OVERTIME	SUBCONTRACTORS	CRAFT	HOURS WORKED

EQUIPMENT ON SITE	NUMBER OF UNITS	WORKING	
		YES	NO
		○	○
		○	○
		○	○
		○	○
		○	○
		○	○
		○	○
		○	○
		○	○

MATERIALS DELIVERED	NO. OF UNITS	MATERIALS RENTED	DATE	RATE

NOTES

DAILY LOG OF CONSTRUCTIONS

DATE	/ /		DAY	O MON	O TUE	O WED	O THU	O FRI	O SAT	O SUN

FOREMAN	
CONTRACT #	

VISITORS		WEATHER	
		AM	PM
		TEMPERATURE	
		AM	PM
		GROUND CONDITIONS	
		HOURS LOST DUE TO BAD WEATHER	

PROBLEMS / DELAYS		SCHEDULE	
		COMPLETION DATE	
		DAYS AHEAD OF SCHEDULE	
		DAYS BEHIND SCHEDULE	

INJURIES		SAFETY	
INJURIES ON THE JOB	O YES O NO	TOOLBOX TOPIC	O YES O NO
IF YES, WAS OSHA NOTIFIED?	O YES O NO	SIGNAGE POSTED	O YES O NO
TYPES OF INJURY	O FIRST AID O HOSPITAL	EVERYONE WEARING PPE	O YES O NO
DETAILS OF INJURY		CHECKLIST COMPLETE	O YES O NO
		NOTES	

SUMMARY OF WORK PERFORMED TODAY

NAME	SIGNATURE

EMPLOYEE	CRAFT	CONTRACTED HOURS	OVERTIME	SUBCONTRACTORS	CRAFT	HOURS WORKED

EQUIPMENT ON SITE	NUMBER OF UNITS	WORKING	
		YES	NO
		○	○
		○	○
		○	○
		○	○
		○	○
		○	○
		○	○
		○	○
		○	○

MATERIALS DELIVERED	NO. OF UNITS	MATERIALS RENTED	DATE	RATE

NOTES

DAILY LOG OF CONSTRUCTIONS

DATE	/ /	DAY	O MON	O TUE	O WED	O THU	O FRI	O SAT	O SUN

FOREMAN	
CONTRACT #	

VISITORS

WEATHER	
AM	PM
TEMPERATURE	
AM	PM
GROUND CONDITIONS	
HOURS LOST DUE TO BAD WEATHER	

PROBLEMS / DELAYS

SCHEDULE	
COMPLETION DATE	
DAYS AHEAD OF SCHEDULE	
DAYS BEHIND SCHEDULE	

INJURIES	
INJURIES ON THE JOB	O YES O NO
IF YES, WAS OSHA NOTIFIED?	O YES O NO
TYPES OF INJURY	O FIRST AID O HOSPITAL
DETAILS OF INJURY	

SAFETY	
TOOLBOX TOPIC	O YES O NO
SIGNAGE POSTED	O YES O NO
EVERYONE WEARING PPE	O YES O NO
CHECKLIST COMPLETE	O YES O NO
NOTES	

SUMMARY OF WORK PERFORMED TODAY

NAME	SIGNATURE

EMPLOYEE	CRAFT	CONTRACTED HOURS	OVERTIME	SUBCONTRACTORS	CRAFT	HOURS WORKED

EQUIPMENT ON SITE	NUMBER OF UNITS	WORKING	
		YES	NO
		○	○
		○	○
		○	○
		○	○
		○	○
		○	○
		○	○
		○	○
		○	○

MATERIALS DELIVERED	NO. OF UNITS	MATERIALS RENTED	DATE	RATE

NOTES

DAILY LOG OF CONSTRUCTIONS

| DATE | / / | DAY | O MON | O TUE | O WED | O THU | O FRI | O SAT | O SUN |

FOREMAN	
CONTRACT #	

VISITORS	WEATHER	
	AM	PM
	TEMPERATURE	
	AM	PM
	GROUND CONDITIONS	
	HOURS LOST DUE TO BAD WEATHER	

PROBLEMS / DELAYS	SCHEDULE	
	COMPLETION DATE	
	DAYS AHEAD OF SCHEDULE	
	DAYS BEHIND SCHEDULE	

INJURIES		SAFETY	
INJURIES ON THE JOB	O YES O NO	TOOLBOX TOPIC	O YES O NO
IF YES, WAS OSHA NOTIFIED?	O YES O NO	SIGNAGE POSTED	O YES O NO
TYPES OF INJURY	O FIRST AID O HOSPITAL	EVERYONE WEARING PPE	O YES O NO
DETAILS OF INJURY		CHECKLIST COMPLETE	O YES O NO
		NOTES	

SUMMARY OF WORK PERFORMED TODAY

NAME	SIGNATURE

EMPLOYEE	CRAFT	CONTRACTED HOURS	OVERTIME	SUBCONTRACTORS	CRAFT	HOURS WORKED

EQUIPMENT ON SITE	NUMBER OF UNITS	WORKING	
		YES	NO
		○	○
		○	○
		○	○
		○	○
		○	○
		○	○
		○	○
		○	○
		○	○

MATERIALS DELIVERED	NO. OF UNITS	MATERIALS RENTED	DATE	RATE

NOTES

DAILY LOG OF CONSTRUCTIONS

DATE	/ /	DAY	O MON	O TUE	O WED	O THU	O FRI	O SAT	O SUN

FOREMAN	
CONTRACT #	

VISITORS	WEATHER	
	AM	PM
	TEMPERATURE	
	AM	PM
	GROUND CONDITIONS	
	HOURS LOST DUE TO BAD WEATHER	

PROBLEMS / DELAYS	SCHEDULE	
	COMPLETION DATE	
	DAYS AHEAD OF SCHEDULE	
	DAYS BEHIND SCHEDULE	

INJURIES		SAFETY	
INJURIES ON THE JOB	O YES O NO	TOOLBOX TOPIC	O YES O NO
IF YES, WAS OSHA NOTIFIED?	O YES O NO	SIGNAGE POSTED	O YES O NO
TYPES OF INJURY	O FIRST AID O HOSPITAL	EVERYONE WEARING PPE	O YES O NO
DETAILS OF INJURY		CHECKLIST COMPLETE	O YES O NO
		NOTES	

SUMMARY OF WORK PERFORMED TODAY

NAME	SIGNATURE

EMPLOYEE	CRAFT	CONTRACTED HOURS	OVERTIME	SUBCONTRACTORS	CRAFT	HOURS WORKED

EQUIPMENT ON SITE	NUMBER OF UNITS	WORKING	
		YES	NO
		○	○
		○	○
		○	○
		○	○
		○	○
		○	○
		○	○
		○	○
		○	○

MATERIALS DELIVERED	NO. OF UNITS	MATERIALS RENTED	DATE	RATE

NOTES

DAILY LOG OF CONSTRUCTIONS

DATE	/ /		DAY	O MON	O TUE	O WED	O THU	O FRI	O SAT	O SUN

FOREMAN	
CONTRACT #	

VISITORS		WEATHER	
		AM	PM
		TEMPERATURE	
		AM	PM
		GROUND CONDITIONS	
		HOURS LOST DUE TO BAD WEATHER	

PROBLEMS / DELAYS		SCHEDULE	
		COMPLETION DATE	
		DAYS AHEAD OF SCHEDULE	
		DAYS BEHIND SCHEDULE	

INJURIES		SAFETY	
INJURIES ON THE JOB	O YES O NO	TOOLBOX TOPIC	O YES O NO
IF YES, WAS OSHA NOTIFIED?	O YES O NO	SIGNAGE POSTED	O YES O NO
TYPES OF INJURY	O FIRST AID O HOSPITAL	EVERYONE WEARING PPE	O YES O NO
DETAILS OF INJURY		CHECKLIST COMPLETE	O YES O NO
		NOTES	

SUMMARY OF WORK PERFORMED TODAY

NAME	SIGNATURE

EMPLOYEE	CRAFT	CONTRACTED HOURS	OVERTIME	SUBCONTRACTORS	CRAFT	HOURS WORKED

EQUIPMENT ON SITE	NUMBER OF UNITS	WORKING	
		YES	NO
		○	○
		○	○
		○	○
		○	○
		○	○
		○	○
		○	○
		○	○
		○	○

MATERIALS DELIVERED	NO. OF UNITS	MATERIALS RENTED	DATE	RATE

NOTES

DAILY LOG OF CONSTRUCTIONS

DATE	/ /	DAY	O MON	O TUE	O WED	O THU	O FRI	O SAT	O SUN

FOREMAN	
CONTRACT #	

VISITORS	WEATHER	
	AM	PM
	TEMPERATURE	
	AM	PM
	GROUND CONDITIONS	
	HOURS LOST DUE TO BAD WEATHER	

PROBLEMS / DELAYS	SCHEDULE	
	COMPLETION DATE	
	DAYS AHEAD OF SCHEDULE	
	DAYS BEHIND SCHEDULE	

INJURIES		SAFETY	
INJURIES ON THE JOB	O YES O NO	TOOLBOX TOPIC	O YES O NO
IF YES, WAS OSHA NOTIFIED?	O YES O NO	SIGNAGE POSTED	O YES O NO
TYPES OF INJURY	O FIRST AID O HOSPITAL	EVERYONE WEARING PPE	O YES O NO
DETAILS OF INJURY		CHECKLIST COMPLETE	O YES O NO
		NOTES	

SUMMARY OF WORK PERFORMED TODAY

NAME	SIGNATURE

EMPLOYEE	CRAFT	CONTRACTED HOURS	OVERTIME	SUBCONTRACTORS	CRAFT	HOURS WORKED

EQUIPMENT ON SITE	NUMBER OF UNITS	WORKING	
		YES	NO
		○	○
		○	○
		○	○
		○	○
		○	○
		○	○
		○	○
		○	○
		○	○

MATERIALS DELIVERED	NO. OF UNITS	MATERIALS RENTED	DATE	RATE

NOTES

DAILY LOG OF CONSTRUCTIONS

DATE	/ /	DAY	O MON	O TUE	O WED	O THU	O FRI	O SAT	O SUN

FOREMAN	
CONTRACT #	

VISITORS	WEATHER	
	AM	PM
	TEMPERATURE	
	AM	PM
	GROUND CONDITIONS	
	HOURS LOST DUE TO BAD WEATHER	

PROBLEMS / DELAYS	SCHEDULE	
	COMPLETION DATE	
	DAYS AHEAD OF SCHEDULE	
	DAYS BEHIND SCHEDULE	

INJURIES		SAFETY	
INJURIES ON THE JOB	O YES O NO	TOOLBOX TOPIC	O YES O NO
IF YES, WAS OSHA NOTIFIED?	O YES O NO	SIGNAGE POSTED	O YES O NO
TYPES OF INJURY	O FIRST AID O HOSPITAL	EVERYONE WEARING PPE	O YES O NO
DETAILS OF INJURY		CHECKLIST COMPLETE	O YES O NO
		NOTES	

SUMMARY OF WORK PERFORMED TODAY

NAME	SIGNATURE

EMPLOYEE	CRAFT	CONTRACTED HOURS	OVERTIME	SUBCONTRACTORS	CRAFT	HOURS WORKED

EQUIPMENT ON SITE	NUMBER OF UNITS	WORKING	
		YES	NO
		○	○
		○	○
		○	○
		○	○
		○	○
		○	○
		○	○
		○	○
		○	○

MATERIALS DELIVERED	NO. OF UNITS	MATERIALS RENTED	DATE	RATE

NOTES

DAILY LOG OF CONSTRUCTIONS

DATE	/ /	DAY	O MON	O TUE	O WED	O THU	O FRI	O SAT	O SUN

FOREMAN	
CONTRACT #	

VISITORS	WEATHER	
	AM	PM
	TEMPERATURE	
	AM	PM
	GROUND CONDITIONS	
	HOURS LOST DUE TO BAD WEATHER	

PROBLEMS / DELAYS	SCHEDULE	
	COMPLETION DATE	
	DAYS AHEAD OF SCHEDULE	
	DAYS BEHIND SCHEDULE	

INJURIES		SAFETY	
INJURIES ON THE JOB	O YES O NO	TOOLBOX TOPIC	O YES O NO
IF YES, WAS OSHA NOTIFIED?	O YES O NO	SIGNAGE POSTED	O YES O NO
TYPES OF INJURY	O FIRST AID O HOSPITAL	EVERYONE WEARING PPE	O YES O NO
DETAILS OF INJURY		CHECKLIST COMPLETE	O YES O NO
		NOTES	

SUMMARY OF WORK PERFORMED TODAY

NAME	SIGNATURE

EMPLOYEE	CRAFT	CONTRACTED HOURS	OVERTIME	SUBCONTRACTORS	CRAFT	HOURS WORKED

EQUIPMENT ON SITE	NUMBER OF UNITS	WORKING	
		YES	NO
		○	○
		○	○
		○	○
		○	○
		○	○
		○	○
		○	○
		○	○
		○	○

MATERIALS DELIVERED	NO. OF UNITS	MATERIALS RENTED	DATE	RATE

NOTES

DAILY LOG OF CONSTRUCTIONS

DATE	/ /	DAY	O MON	O TUE	O WED	O THU	O FRI	O SAT	O SUN

FOREMAN	
CONTRACT #	

VISITORS	WEATHER	
	AM	PM
	TEMPERATURE	
	AM	PM
	GROUND CONDITIONS	
	HOURS LOST DUE TO BAD WEATHER	

PROBLEMS / DELAYS	SCHEDULE	
	COMPLETION DATE	
	DAYS AHEAD OF SCHEDULE	
	DAYS BEHIND SCHEDULE	

INJURIES		SAFETY	
INJURIES ON THE JOB	O YES O NO	TOOLBOX TOPIC	O YES O NO
IF YES, WAS OSHA NOTIFIED?	O YES O NO	SIGNAGE POSTED	O YES O NO
TYPES OF INJURY	O FIRST AID O HOSPITAL	EVERYONE WEARING PPE	O YES O NO
DETAILS OF INJURY		CHECKLIST COMPLETE	O YES O NO
		NOTES	

SUMMARY OF WORK PERFORMED TODAY

NAME	SIGNATURE

EMPLOYEE	CRAFT	CONTRACTED HOURS	OVERTIME	SUBCONTRACTORS	CRAFT	HOURS WORKED

EQUIPMENT ON SITE	NUMBER OF UNITS	WORKING	
		YES	NO
		○	○
		○	○
		○	○
		○	○
		○	○
		○	○
		○	○
		○	○
		○	○

MATERIALS DELIVERED	NO. OF UNITS	MATERIALS RENTED	DATE	RATE

NOTES

DAILY LOG OF CONSTRUCTIONS

DATE	/ /		DAY	O MON	O TUE	O WED	O THU	O FRI	O SAT	O SUN

FOREMAN	
CONTRACT #	

VISITORS	WEATHER	
	AM	PM
	TEMPERATURE	
	AM	PM
	GROUND CONDITIONS	
	HOURS LOST DUE TO BAD WEATHER	

PROBLEMS / DELAYS	SCHEDULE	
	COMPLETION DATE	
	DAYS AHEAD OF SCHEDULE	
	DAYS BEHIND SCHEDULE	

INJURIES		SAFETY	
INJURIES ON THE JOB	O YES O NO	TOOLBOX TOPIC	O YES O NO
IF YES, WAS OSHA NOTIFIED?	O YES O NO	SIGNAGE POSTED	O YES O NO
TYPES OF INJURY	O FIRST AID O HOSPITAL	EVERYONE WEARING PPE	O YES O NO
DETAILS OF INJURY		CHECKLIST COMPLETE	O YES O NO
		NOTES	

SUMMARY OF WORK PERFORMED TODAY

NAME	SIGNATURE

EMPLOYEE	CRAFT	CONTRACTED HOURS	OVERTIME	SUBCONTRACTORS	CRAFT	HOURS WORKED

EQUIPMENT ON SITE	NUMBER OF UNITS	WORKING	
		YES	NO
		○	○
		○	○
		○	○
		○	○
		○	○
		○	○
		○	○
		○	○
		○	○

MATERIALS DELIVERED	NO. OF UNITS	MATERIALS RENTED	DATE	RATE

NOTES

DAILY LOG OF CONSTRUCTIONS

DATE	/ /	DAY	O MON	O TUE	O WED	O THU	O FRI	O SAT	O SUN

FOREMAN	
CONTRACT #	

VISITORS	WEATHER	
	AM	PM
	TEMPERATURE	
	AM	PM
	GROUND CONDITIONS	
	HOURS LOST DUE TO BAD WEATHER	

PROBLEMS / DELAYS	SCHEDULE	
	COMPLETION DATE	
	DAYS AHEAD OF SCHEDULE	
	DAYS BEHIND SCHEDULE	

INJURIES		SAFETY	
INJURIES ON THE JOB	O YES O NO	TOOLBOX TOPIC	O YES O NO
IF YES, WAS OSHA NOTIFIED?	O YES O NO	SIGNAGE POSTED	O YES O NO
TYPES OF INJURY	O FIRST AID O HOSPITAL	EVERYONE WEARING PPE	O YES O NO
DETAILS OF INJURY		CHECKLIST COMPLETE	O YES O NO
		NOTES	

SUMMARY OF WORK PERFORMED TODAY

NAME	SIGNATURE

EMPLOYEE	CRAFT	CONTRACTED HOURS	OVERTIME	SUBCONTRACTORS	CRAFT	HOURS WORKED

EQUIPMENT ON SITE	NUMBER OF UNITS	WORKING	
		YES	NO
		○	○
		○	○
		○	○
		○	○
		○	○
		○	○
		○	○
		○	○
		○	○

MATERIALS DELIVERED	NO. OF UNITS	MATERIALS RENTED	DATE	RATE

NOTES

DAILY LOG OF CONSTRUCTIONS

DATE	/ /	DAY	O MON	O TUE	O WED	O THU	O FRI	O SAT	O SUN

FOREMAN	
CONTRACT #	

VISITORS		WEATHER	
		AM	PM
		TEMPERATURE	
		AM	PM
		GROUND CONDITIONS	
		HOURS LOST DUE TO BAD WEATHER	

PROBLEMS / DELAYS		SCHEDULE	
		COMPLETION DATE	
		DAYS AHEAD OF SCHEDULE	
		DAYS BEHIND SCHEDULE	

INJURIES		SAFETY	
INJURIES ON THE JOB	O YES O NO	TOOLBOX TOPIC	O YES O NO
IF YES, WAS OSHA NOTIFIED?	O YES O NO	SIGNAGE POSTED	O YES O NO
TYPES OF INJURY	O FIRST AID O HOSPITAL	EVERYONE WEARING PPE	O YES O NO
DETAILS OF INJURY		CHECKLIST COMPLETE	O YES O NO
		NOTES	

SUMMARY OF WORK PERFORMED TODAY

NAME	SIGNATURE

EMPLOYEE	CRAFT	CONTRACTED HOURS	OVERTIME	SUBCONTRACTORS	CRAFT	HOURS WORKED

EQUIPMENT ON SITE	NUMBER OF UNITS	WORKING	
		YES	NO
		○	○
		○	○
		○	○
		○	○
		○	○
		○	○
		○	○
		○	○
		○	○

MATERIALS DELIVERED	NO. OF UNITS	MATERIALS RENTED	DATE	RATE

NOTES

DAILY LOG OF CONSTRUCTIONS

DATE	/ /	DAY	O MON	O TUE	O WED	O THU	O FRI	O SAT	O SUN

FOREMAN	
CONTRACT #	

VISITORS	WEATHER	
	AM	PM
	TEMPERATURE	
	AM	PM
	GROUND CONDITIONS	
	HOURS LOST DUE TO BAD WEATHER	

PROBLEMS / DELAYS	SCHEDULE	
	COMPLETION DATE	
	DAYS AHEAD OF SCHEDULE	
	DAYS BEHIND SCHEDULE	

INJURIES		SAFETY	
INJURIES ON THE JOB	O YES O NO	TOOLBOX TOPIC	O YES O NO
IF YES, WAS OSHA NOTIFIED?	O YES O NO	SIGNAGE POSTED	O YES O NO
TYPES OF INJURY	O FIRST AID O HOSPITAL	EVERYONE WEARING PPE	O YES O NO
DETAILS OF INJURY		CHECKLIST COMPLETE	O YES O NO
		NOTES	

SUMMARY OF WORK PERFORMED TODAY

NAME	SIGNATURE

EMPLOYEE	CRAFT	CONTRACTED HOURS	OVERTIME	SUBCONTRACTORS	CRAFT	HOURS WORKED

EQUIPMENT ON SITE	NUMBER OF UNITS	WORKING	
		YES	NO
		○	○
		○	○
		○	○
		○	○
		○	○
		○	○
		○	○
		○	○
		○	○

MATERIALS DELIVERED	NO. OF UNITS	MATERIALS RENTED	DATE	RATE

NOTES

DAILY LOG OF CONSTRUCTIONS

DATE	/ /	DAY	O MON	O TUE	O WED	O THU	O FRI	O SAT	O SUN

FOREMAN	
CONTRACT #	

VISITORS	WEATHER	
	AM	PM
	TEMPERATURE	
	AM	PM
	GROUND CONDITIONS	
	HOURS LOST DUE TO BAD WEATHER	

PROBLEMS / DELAYS	SCHEDULE	
	COMPLETION DATE	
	DAYS AHEAD OF SCHEDULE	
	DAYS BEHIND SCHEDULE	

INJURIES		SAFETY	
INJURIES ON THE JOB	O YES O NO	TOOLBOX TOPIC	O YES O NO
IF YES, WAS OSHA NOTIFIED?	O YES O NO	SIGNAGE POSTED	O YES O NO
TYPES OF INJURY	O FIRST AID O HOSPITAL	EVERYONE WEARING PPE	O YES O NO
DETAILS OF INJURY		CHECKLIST COMPLETE	O YES O NO
		NOTES	

SUMMARY OF WORK PERFORMED TODAY

NAME	SIGNATURE

EMPLOYEE	CRAFT	CONTRACTED HOURS	OVERTIME	SUBCONTRACTORS	CRAFT	HOURS WORKED

EQUIPMENT ON SITE	NUMBER OF UNITS	WORKING	
		YES	NO
		○	○
		○	○
		○	○
		○	○
		○	○
		○	○
		○	○
		○	○
		○	○

MATERIALS DELIVERED	NO. OF UNITS	MATERIALS RENTED	DATE	RATE

NOTES

DAILY LOG OF CONSTRUCTIONS

DATE	/ /	DAY	O MON	O TUE	O WED	O THU	O FRI	O SAT	O SUN

FOREMAN	
CONTRACT #	

VISITORS	WEATHER	
	AM	PM
	TEMPERATURE	
	AM	PM
	GROUND CONDITIONS	
	HOURS LOST DUE TO BAD WEATHER	

PROBLEMS / DELAYS	SCHEDULE	
	COMPLETION DATE	
	DAYS AHEAD OF SCHEDULE	
	DAYS BEHIND SCHEDULE	

INJURIES		SAFETY	
INJURIES ON THE JOB	O YES O NO	TOOLBOX TOPIC	O YES O NO
IF YES, WAS OSHA NOTIFIED?	O YES O NO	SIGNAGE POSTED	O YES O NO
TYPES OF INJURY	O FIRST AID O HOSPITAL	EVERYONE WEARING PPE	O YES O NO
DETAILS OF INJURY		CHECKLIST COMPLETE	O YES O NO
		NOTES	

SUMMARY OF WORK PERFORMED TODAY

NAME	SIGNATURE

EMPLOYEE	CRAFT	CONTRACTED HOURS	OVERTIME	SUBCONTRACTORS	CRAFT	HOURS WORKED

EQUIPMENT ON SITE	NUMBER OF UNITS	WORKING	
		YES	NO
		○	○
		○	○
		○	○
		○	○
		○	○
		○	○
		○	○
		○	○
		○	○

MATERIALS DELIVERED	NO. OF UNITS	MATERIALS RENTED	DATE	RATE

NOTES

DAILY LOG OF CONSTRUCTIONS

DATE	/ /		DAY	O MON	O TUE	O WED	O THU	O FRI	O SAT	O SUN

FOREMAN	
CONTRACT #	

VISITORS	WEATHER	
	AM	PM
	TEMPERATURE	
	AM	PM
	GROUND CONDITIONS	
	HOURS LOST DUE TO BAD WEATHER	

PROBLEMS / DELAYS	SCHEDULE	
	COMPLETION DATE	
	DAYS AHEAD OF SCHEDULE	
	DAYS BEHIND SCHEDULE	

INJURIES		SAFETY	
INJURIES ON THE JOB	O YES O NO	TOOLBOX TOPIC	O YES O NO
IF YES, WAS OSHA NOTIFIED?	O YES O NO	SIGNAGE POSTED	O YES O NO
TYPES OF INJURY	O FIRST AID O HOSPITAL	EVERYONE WEARING PPE	O YES O NO
DETAILS OF INJURY		CHECKLIST COMPLETE	O YES O NO
		NOTES	

SUMMARY OF WORK PERFORMED TODAY

NAME	SIGNATURE

EMPLOYEE	CRAFT	CONTRACTED HOURS	OVERTIME	SUBCONTRACTORS	CRAFT	HOURS WORKED

EQUIPMENT ON SITE	NUMBER OF UNITS	WORKING	
		YES	NO
		○	○
		○	○
		○	○
		○	○
		○	○
		○	○
		○	○
		○	○
		○	○

MATERIALS DELIVERED	NO. OF UNITS	MATERIALS RENTED	DATE	RATE

NOTES

DAILY LOG OF CONSTRUCTIONS

DATE	/ /	DAY	O MON	O TUE	O WED	O THU	O FRI	O SAT	O SUN

FOREMAN	
CONTRACT #	

VISITORS	WEATHER	
	AM	PM
	TEMPERATURE	
	AM	PM
	GROUND CONDITIONS	
	HOURS LOST DUE TO BAD WEATHER	

PROBLEMS / DELAYS	SCHEDULE	
	COMPLETION DATE	
	DAYS AHEAD OF SCHEDULE	
	DAYS BEHIND SCHEDULE	

INJURIES		SAFETY	
INJURIES ON THE JOB	O YES O NO	TOOLBOX TOPIC	O YES O NO
IF YES, WAS OSHA NOTIFIED?	O YES O NO	SIGNAGE POSTED	O YES O NO
TYPES OF INJURY	O FIRST AID O HOSPITAL	EVERYONE WEARING PPE	O YES O NO
DETAILS OF INJURY		CHECKLIST COMPLETE	O YES O NO
		NOTES	

SUMMARY OF WORK PERFORMED TODAY

NAME	SIGNATURE

EMPLOYEE	CRAFT	CONTRACTED HOURS	OVERTIME	SUBCONTRACTORS	CRAFT	HOURS WORKED

| EQUIPMENT ON SITE | NUMBER OF UNITS | WORKING | |
		YES	NO
		○	○
		○	○
		○	○
		○	○
		○	○
		○	○
		○	○
		○	○
		○	○

MATERIALS DELIVERED	NO. OF UNITS	MATERIALS RENTED	DATE	RATE

NOTES

DAILY LOG OF CONSTRUCTIONS

| DATE | / / | DAY | O MON | O TUE | O WED | O THU | O FRI | O SAT | O SUN |

FOREMAN	
CONTRACT #	

VISITORS	WEATHER	
	AM	PM
	TEMPERATURE	
	AM	PM
	GROUND CONDITIONS	
	HOURS LOST DUE TO BAD WEATHER	

PROBLEMS / DELAYS	SCHEDULE	
	COMPLETION DATE	
	DAYS AHEAD OF SCHEDULE	
	DAYS BEHIND SCHEDULE	

INJURIES		SAFETY	
INJURIES ON THE JOB	O YES O NO	TOOLBOX TOPIC	O YES O NO
IF YES, WAS OSHA NOTIFIED?	O YES O NO	SIGNAGE POSTED	O YES O NO
TYPES OF INJURY	O FIRST AID O HOSPITAL	EVERYONE WEARING PPE	O YES O NO
DETAILS OF INJURY		CHECKLIST COMPLETE	O YES O NO
		NOTES	

SUMMARY OF WORK PERFORMED TODAY

NAME	SIGNATURE

EMPLOYEE	CRAFT	CONTRACTED HOURS	OVERTIME	SUBCONTRACTORS	CRAFT	HOURS WORKED

EQUIPMENT ON SITE	NUMBER OF UNITS	WORKING	
		YES	NO
		○	○
		○	○
		○	○
		○	○
		○	○
		○	○
		○	○
		○	○
		○	○

MATERIALS DELIVERED	NO. OF UNITS	MATERIALS RENTED	DATE	RATE

NOTES

www.ingramcontent.com/pod-product-compliance
Lightning Source LLC
Chambersburg PA
CBHW081231080526
44587CB00022B/3892